LA PROMENADE

A AUTEUIL.

LA PROMENADE

A AUTEUIL,

Élégie

COMPOSÉE SOUS LE RÉGIME IMPÉRIAL,

ET TROUVÉE DANS UN BOSQUET DE CETTE CAMPAGNE CLASSIQUE
DE LA POÉSIE FRANÇAISE,

Par un Auteur

QUI SE FAIT RECONNAÎTRE COMME LES GRANDS PEINTRES.

(*Marie-Joseph Chénier.*)

> Oh ! que de fois j'errai dans tes belles retraites,
> Auteuil, lieu favori, lieu saint pour les poètes !
>
> *Page 10 de l'ouvrage.*

A PARIS,

Chez { DELAUNAY, Libraire, Palais-Royal, galerie de bois.
{ NEPVEU, Libraire, passage des Panoramas.

1817.

NOTE
DE L'ÉDITEUR.

A l'une de ces époques sanglantes où le Tyran de la France jetait annuellement le deuil dans les familles, j'allais pleurer sur le départ prochain d'un Fils qui venait d'atteindre sa 19me. année. Entraîné par mes rêveries hors des murs de la Capitale, j'avais suivi le peuple qui se portait à St.-Cloud. Étourdi par cette multitude, je m'en écarte et je gagne les hauteurs du charmant village d'Auteuil. De-là, jetant les yeux sur ce palais, autrefois l'asile des grâces et des amours, alors le repaire du crime et l'antre de la tyrannie, mille idées confuses viennent m'assiéger; je regrette de ne pouvoir les fixer sur le papier. Fatigué, abîmé dans mes réflexions, je m'assieds sur un tertre... Quel objet vient frapper mes regards?.. UN PAPIER sur lequel je lis distinctement ces vers :

Saint-Cloud, je t'aperçois. J'ai vu, loin de tes rives,
S'enfuir sous les roseaux tes Naïades plaintives.
J'imite leur exemple, et je fuis devant toi ;
L'air de la servitude est trop pesant pour moi.

Surpris, effrayé de voir, comme par enchantement, ma pensée si fidèlement traduite, je me lève brusquement; je doute si je veille, je cherche à m'en assurer. Je ramasse cet écrit mystérieux. Vingt fois je le parcours avec avidité; vingt fois mon étonnement et mon enthousiasme sont à leur comble. Rentré chez moi, l'esprit encore troublé, et après avoir de nouveau visité mon trésor, je le cache avec précaution pour le soustraire aux yeux profanes et indiscrets. Cependant seul il occupe ma pensée, et toute la nuit, c'est lui que je revois en songe. Mais, ô douleur! le lendemain je ne puis me rappeler où je l'ai déposé. Après mille recherches inutiles, je me persuade que l'évènement de la veille peut n'être qu'un rêve, enfant d'une imagination égarée.

Enfin, après un intervalle de plusieurs années, je viens de reconnaître la réalité de mon heureuse promenade. J'ai retrouvé ces vers sublimes dont l'Auteur, par prudence, et à en juger par un silence de trois ans, n'avait sans doute qu'une seule copie. Je ne crains plus qu'ils soient perdus pour la postérité et je m'empresse de les livrer à un public éclairé qui saura en apprécier le mérite.

Si des Écrivains recommandables (*) ont feint d'avoir trouvé, comme par hasard, les textes de leurs propres ouvrages, pour leur donner une physionomie antique, et parce qu'ils savaient bien que le public ne serait

---

(*) Les Auteurs du *Temple de Gnide*, d'*Antenor*, etc.

point dupe de leur fiction, ici l'Éditeur n'aurait ni grâce ni intérêt à user d'un pareil stratagême; la marche des idées, le style, le nerf, le coloris et la pompe de la versification, tout décèle le poète que le dernier siècle et celui-ci doivent se glorifier d'avoir vu fleurir, et qui a marqué ses productions d'un sceau distinctif qu'on essaierait en vain d'imiter.

P. S. Pourquoi faut-il qu'une OEuvre aussi admirable laisse à désirer une LACUNE qui contenait sans doute des beautés du même ordre! Si les héritiers de l'Auteur ou quelqu'autre personne la possédaient ce serait un grand service qu'ils rendraient en la publiant, et l'Éditeur leur en aurait, en son particulier, la plus vive reconnaissance.

La Promenade

A Auteuil.

Roule avec majesté tes ondes fugitives,
Seine ; j'aime à rêver sur tes paisibles rives,
En laissant comme toi la Reine des Cités.
Ah ! lorsque la Nature, à mes yeux attristés,
Le front orné de fleurs, brille en vain renaissante,
Lorsque du renouveau l'haleine caressante
Rafraîchit l'Univers de jeunesse paré,
Sans ranimer mon front pâle et décoloré,
Du moins, auprès de toi que je retrouve encore
Ce calme inspirateur que le poète implore,
Et la mélancolie errante au bord des eaux !
Jadis, il m'en souvient, du fond de leurs roseaux

Tes Nymphes répétaient le chant plaintif et tendre,
Qu'aux échos de Passi ma voix faisait entendre.
Jours heureux! Tems lointain, mais jamais oublié!
Où les Arts consolants, où la douce Amitié,
Et tout ce dont le charme intéresse à la vie,
Égayaient mes destins ignorés de l'envie.
　Le soleil affaibli vient dorer ces vallons.
Je vois Auteuil sourire à ses dernier rayons.
Oh! que de fois j'errai dans tes belles retraites,
Auteuil, lieu favori, lieu saint pour les poètes!
Que de rivaux de gloire unis sous tes berceaux!
C'est là, qu'au milieu d'eux l'élégant Despréaux,
Législateur du goût, au goût toujours fidèle,
Enseignait le bel art dont il offre un modèle.
Là, Molière, esquissant ses comiques portraits,
De Chrysale ou d'Arnolphe a dessiné les traits.
Dans la forêt ombreuse et le long des prairies,
La Fontaine égarait ses douces rêveries.
Là, Racine évoquait Andromaque et Pyrrhus;
Contre Néron puissant faisait tonner Burrhus,
Peignait de Phèdre en pleurs le tragique délire :
Ces pleurs harmonieux que modulait sa lyre,
Ont mouillé le rivage, et de ses vers sacrés
La flamme anime encor les échos inspirés.

Saint-Cloud, je t'aperçois. J'ai vu, loin de tes rives,
S'enfuir sous les roseaux tes Naïades plaintives;
J'imite leur exemple, et je fuis devant toi;
L'air de la servitude est trop pesant pour moi.
A mes yeux éblouis vainement tu présentes
De tes bois toujours verds les masses imposantes,
Tes jardins prolongés qui bordent les coteaux,
Et qui semblent de loin suspendus sur les eaux;
Désormais je n'y vois que la toge avilie
Sous la main du Guerrier qu'admira l'Italie.
Des champêtres plaisirs tu n'es plus le séjour;
Ah! de la Liberté tu vis le dernier jour.
Dix ans d'efforts pour elle ont produit l'esclavage;
Un Corse a des Français dévoré l'héritage.
Élite des Héros aux combats moissonnés,
Martyrs, avec la gloire à l'échafaud traînés,
Vous tombiez satisfaits, dans une autre espérance!
Trop de sang, trop de pleurs ont inondé la France.
De ces pleurs, de ce sang un homme est héritier :
Aujourd'hui dans un homme un peuple est tout entier.
Tel est le fruit amer des discordes civiles.
Mais les fers ont-ils pu trouver des mains serviles?
Les Français de leurs droits ne sont-ils plus jaloux?
Cet homme a-t-il pensé que, vainqueur avec tous,

Il pourrait, malgré tous, envahir leur puissance?
Déserteur de l'Égypte, a-t-il conquis la France?
Jeune imprudent, arrête : où donc est l'ennemi?
Si dans l'art des Tyrans tu n'es pas affermi...
Vains cris! plus de Sénat; la République expire.
Sous un nouveau Cromwel naît un nouvel empire,
Hélas! le malheureux, sur ce bord enchanté,
Ensevelit sa gloire avec la Liberté.

Crédule, j'ai long-tems célébré ses conquêtes;
Au Forum, au Sénat, dans nos jeux, dans nos fêtes,
Je proclamais son nom, je vantais ses exploits,
Quand ses lauriers soumis se courbaient sous les lois;
Quand, simple citoyen, soldat du peuple libre,
Aux bords de l'Éridan, de l'Adige et du Tibre,
Foudroyant tour-à-tour quelques Tyrans pervers,
Des Nations en pleurs sa main brisait les fers;
Ou, quand son noble exil, aux sables de Syrie,
Des palmes du Liban couronnait sa patrie.
Mais lorsqu'en fugitif regagnant ses foyers,
Il vint contre l'Empire échanger les lauriers,
Je n'ai point caressé sa brillante infamie.
Ma voix des oppresseurs fut toujours ennemie;
Et tandis qu'il voyait des flots d'adorateurs
Lui vendre, avec l'État, leurs vers adulateurs,

Le Tyran dans sa cour remarqua mon absence,
Car je chante la gloire et non pas la puissance.

. . . .

. . . .

. . . .

. . . .

Le troupeau se rassemble à la voix des bergers;
J'entends frémir du soir les insectes légers.
Des nocturnes Zéphyrs je sens la douce haleine.
Le soleil de ses feux ne rougit plus la plaine,
Et cet astre plus doux, qui luit au haut des cieux,
Argente mollement les flots silencieux.
Mais une voix qui sort du vallon solitaire,
Me dit : viens; tes amis ne sont plus sur la terre.
Viens; tu veux rester libre et le peuple est vaincu!
Il est vrai, jeune encor, j'ai déjà trop vécu.
L'espérance lointaine et les vastes pensées
Embellissaient mes nuits tranquillement bercées.
A mon esprit déçu, facile à prévenir,
Des mensonges riants coloraient l'avenir.
Flatteuse illusion, tu m'es bientôt ravie!
Vous m'avez délaissé, doux rêves de la vie!
Plaisir, gloire, bonheur, patrie et liberté,
Vous fuyez loin d'un cœur vide et désenchanté!

Les travaux, les chagrins ont doublé mes années;
Ma vie est sans couleur, et mes pâles journées
M'offrent de longs ennuis l'enchaînement certain,
Lugubre comme un soir qui n'eut pas de matin.
Je vois le but, j'y touche, et j'ai soif de l'atteindre.
Ce feu qui me brûlait, a besoin de s'éteindre;
Ce qui m'en reste encor n'est qu'un morne flambeau,
Éclairant à mes yeux le chemin du tombeau.
Que je repose en paix sous le gazon rustique,
Sur les bords du ruisseau pur et mélancolique!
Vous, amis des humains et des champs et des vers,
Par un doux souvenir peuplez ces lieux déserts;
Suspendez aux tilleuls qui forment ces bocages,
Mes derniers vêtemens mouillés de tant d'orages.
Là, quelquefois encor daignez vous rassembler;
Là, prononcez l'adieu : que je sente couler,
Sur le sol enfermant mes cendres endormies,
Des mots partis du cœur et des larmes amies!

www.ingramcontent.com/pod-product-compliance
Lightning Source LLC
Chambersburg PA
CBHW061622040426
42450CB00010B/2619